LK7 2193

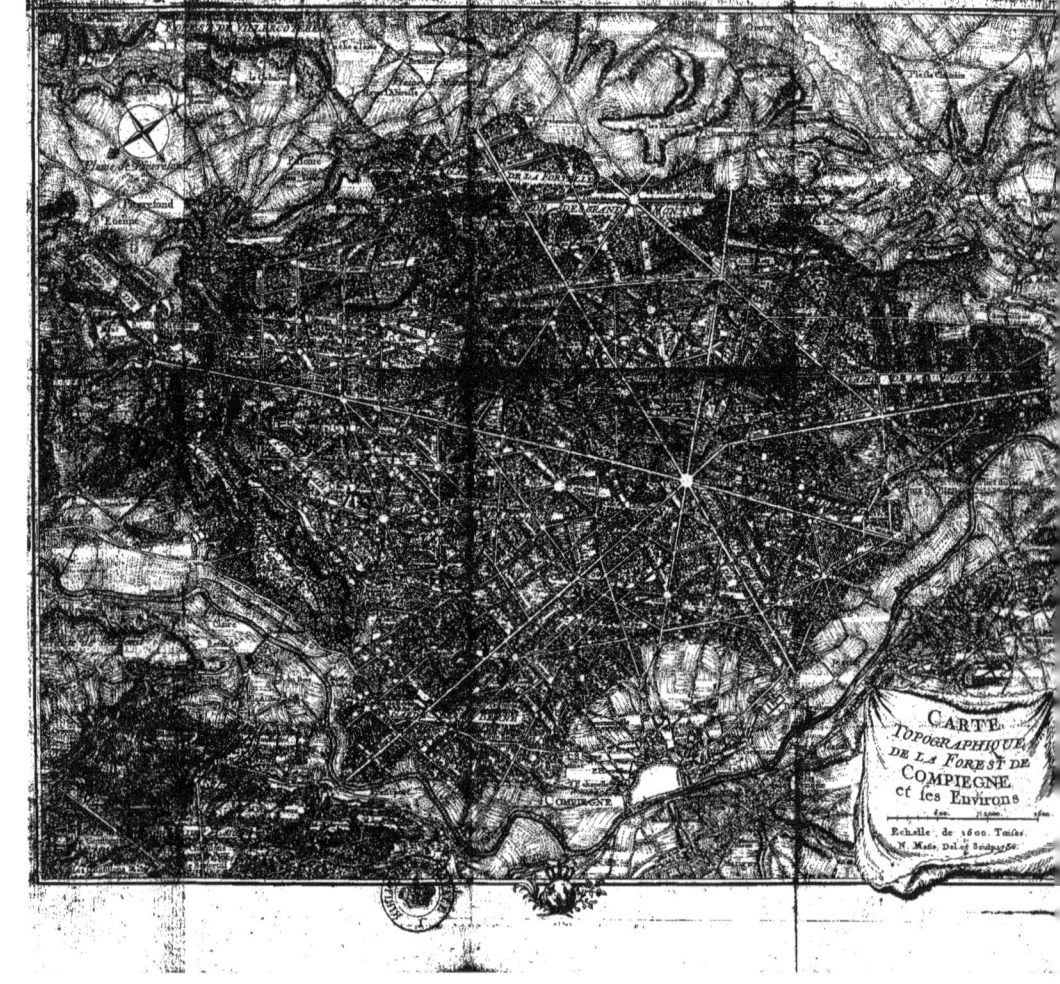

ETAT
DE LA FOREST
DE CUISE,
DITE
DE COMPIEGNE,

Avec les Carrefours qui sont dans ladite Forest, faits pour donner les rendez-vous de Chasse ; divisez par Gardes & Triages ; avec les noms des Routes qui tombent dans lesdits Carrefours, & celles qu'il faut suivre pour aller ausdits Carrefours, en partant de la Plaine de Compiegne, soit à Cheval ou en Caléche ; le tout marqué par la Carte cy-jointe.

A PARIS.

De l'Imprimerie de JACQUES COLLOMBAT, I. Imprimeur ordinaire du Roy, & des Bâtimens, Arts & Manufactures de Sa Majesté.

M. DCC. XXXVI.

ETAT
DE LA FOREST
DE COMPIEGNE.

ADITE Forest est une des plus belles & des plus magnifiques du Royaume; elle contient vingt-sept mil arpens, dont il y en a de vagues, tant en Villages, Plaines, Bruyers & Prez, environ trois mil arpens; ainsi reste de plein, tant en futaye qu'en bois taillis, vingt-quatre mille arpens.

IL y a dans ladite Forest plusieurs grands Etangs, sçavoir, les Etangs de S. Jean, ceux de saint Pierre ; les Etangs de Bafigny, l'Etang de la Ville, celuy aux Eſtots, & le Vivier-Frere-Robert.

CEtte Foreſt eſt jointe à celle de Villers-Coteret, par une langue de bois, nommée la Haye-l'Abbeſſe, que François I. a fait planter ; & la Foreſt de l'Aigle n'en eſt ſeparée que par la Riviere d'Aiſne, ſur laquelle il y a deux Bacs pour la commodité des Chaſſes.

LA Foreſt de Villers-Coteret contient environ vingt-quatre mil arpens, & celle de l'Aigle ſix mil.

LA Foreſt de Compiegne eſt diviſée en douze Gardes, ſçavoir ;

LEs Gardes de Royal-lieu, du Carrefour des Routes, de la Bouverie, de la Volliere, de Bethiſy, des Grands-Monts, de Pierrefond, de la Pommeraye, des Marres S. Loüis, du Berne, de la Fortelle, & de la Garde du Mont S. Marc.

LEsquelles Gardes ſont ſubdiviſées en pluſieurs Triages, comme il eſt cy-après expliqué par les Carrefours.

François I. a fait percer les huit grandes Routes, ce qui forme le Puits du Roy.

Louis XIV. a fait percer le grand Octogone, & cinquante-quatre petites Routes de douze pieds de large.

Louis XV. depuis l'année 1726. jusqu'en l'année 1733. a fait percer deux cent vingt-neuf Routes, compris les huit pans du petit Octogone, & vingt-sept Routes Cavaliers. Sa Majesté a aussi fait couper les Montagnes qui étoient dans les grandes Routes, & fait faire au surplus beaucoup de Chemins & Routes tournantes, pour monter & décendre aisément en Caléche sur lesdites Montagnes.

Toutes lesdites Routes, y compris les quatre grands Chemins qui passent dans ladite Forest, sçavoir, les Chemins de Paris, de Soissons, de Crépy, & de Pierrefond, contiennent ensemble plus de trois cent lieuës communes de France.

A iij

IL y a dans ladite Forest quatre-vingt quinze mil toises de fossez pour la défécher, qui se déchargent partie dans la Riviere d'Aisne, & partie dans la Riviere d'Oise; sur lesquels fossez il y a quatre-vingt quinze Ponts de pierre, & quatre-vingt Cassis pour la commodité des Chasses, avec plusieurs passages de Cavaliers.

IL y a encore dans ladite Forest six Puits que SA MAJESTE' a fait faire, avec des Auges de pierre à côté, pour faire boire les Chiens; sçavoir, à la petite Patte d'Oye, au Puits du Roy, à la Route de Royal-lieu, au grand Octogone, un au Puits Dauphin, à la Michelette, à la Route de Berne, & au grand Octogone.

LA coupe & la vente ordinaire de cette Forest, est de cent arpens de bois de futaye, & cinquante arpens de bois taillis.

ETAT
DES CARREFOURS;

Avec les noms des Routes qui tombent dedans, & celles qu'il faut suivre pour y aller, en partant de la Plaine de Compiegne.

Dans la Garde de Royal-lieu. I. GARDE.

La petite Patte d'Oye, les Routes du Moulin, de Choisty, de la Reine, des Dames, des Amazones, & de la Gouvernante; Triage de l'Argilliere. Petite Patte d'Oye.

Pour aller à ladite petite Patte d'Oye, prendre la grande Route du Moulin.

Au Puits du Roy, les Routes du Moulin, de Royal-lieu, du Puits du Roy.

A iiij

Carnois, du Pont-la-Reine, de Chanlieu, de Morianval, de la Mariolle, & de Berne. Toutes lefdites Routes, & les huit grandes Routes, ont été faites par François I. & ont quarante-quatre pieds de large. Garde du Carrefour des Routes.

Pour aller audit Puits du Roy, il faut prendre la grande Route du Moulin.

Breviere. AU Carrefour de la Breviere, les Routes du Long-pont, des Prez de la Breviere, de la Fontaine Huet, & du Marais de l'Echelle; Triage du Nid-de-Gruë.

Pour aller audit Carrefour, il faut prendre le chemin de Crépy, jufqu'à la Route des Prez de la Breviere à droite, qui tombe dans ledit Carrefour.

Argilliere. AU Carrefour de l'Argilliere, les Routes de Berne, le petit Octogone, & la Route des Ama-

DE COMPIEGNE.

zones: Triage des Secquenaux.

Pour aller audit Carrefour, prendre la grande Route du Moulin, jusqu'à la petite patte d'Oye, & suivre la Route des Amazones, qui tombe audit Carrefour de l'Argilliere, dans la grande Route de Berne.

AU Carrefour du Puits de Royal-lieu, la Route de Royal-lieu, & le grand Octogone; Triage du Marché du Puits.

Puits de Royal-lieu.

Pour aller audit Carrefour, prendre le chemin de Paris, jusqu'à la Route de Royal-lieu, & suivre ladite Route de Royal-lieu jusqu'au grand Octogone.

Dans la Garde du Carrefour des Routes, près Royal-lieu.

II. GARDE.

AU Carrefour du Fond-prenant, les Routes du grand Octogone, le chemin du Vivier

Fond-prenant.

A v

Coras, les Routes des Chambres du Vivier, du Fond-prenant, & des Languignons; Triage des Languignons.

Pour aller audit Carrefour, prendre le chemin du Vivier Coras, près l'Abbaye de Royal-lieu, qui conduit audit Carrefour.

Chambres du Vivier.

AU Carrefour des Chambres du Vivier, les Routes des Chambres du Vivier, d'Hippolyte, & de Julie : Triage des Chambres du Vivier.

Pour aller audit Carrefour, prendre la Route du Marché du Puits, qui donne sur la Plaine, jusqu'à la grande Route de Royal-lieu; suivre ladite grande Route jusqu'à la Route d'Hippolyte, qui tombe audit Carrefour des Chambres du Vivier.

Fontaine-Huet.

AU Carrefour de la Fontaine Huet, les Routes de sainte Perrine, de la Fontaine Huet, de la Place aux Veaux, & des Marais de Chanlieu ; Triage du Palis Droüet.

Pour aller audit Carrefour, prendre la grande Route du Moulin, jusqu'au Puits du Roy, suivre la grande Route de Chanlieu, jusqu'à la Route de sainte Perrine, à droite, qui tombe audit Carrefour.

AU Carrefour du Palis Droüet, les Routes de la Place aux Veaux, du Contrôleur du Chemin des Plaideurs ; Triage du Palis Droüet. Palis Droüet.

Pour aller audit Carrefour, prendre le Chemin de Crépy, jusqu'à la Route du Contrôleur, à droite, qui tombe audit Carrefour.

Dans la Garde de la Bouverie. III. GARDE.

AU Carrefour des Plaines Lorrains, les Routes du Carnois, du bout de Jeaux, des Lorrains, & des Languignons ; Triage des Plaines Lorrains. Plaines Lorrains.

A vj

Pour aller audit Carrefour, prendre la Route des Lorrains, qui prend sur la Plaine, & qui tombe audit Carrefour.

IV. GARDE. *Dans la Garde de la Volliere.*

D'Orbay. AU Carrefour d'Orbay, les Routes du Pont-la-Reine, le grand Octogone, le Chemin de Bethify, & la Route d'Orbay; Triage de la Volliere.

Pour aller audit Carrefour, prendre le Chemin de Paris, jusqu'à la Plaine de la Croix, & prendre à gauche le grand Octogone, qui tombe audit Carrefour.

Pont-la-Reine. AU Carrefour du Pont-la-Reine, les Routes du Pont-la-Reine, le Chemin de Paris, & la Route Soupisseau; Triage de la haute & basse Queuë.

Pour aller audit Carrefour, pren-

dre le Chemin de Paris, jusqu'à ladite Route du Pont la Reine au Pont de pierre, sur ledit grand Chemin.

Dans la Garde de Bethisy. V. GARDE.

AU Carrefour des Molineaux, les Routes du Maupas, de Bethisy, & des Molineaux; Triage des Molineaux.

Molineaux.

Pour aller audit Carrefour, prendre dans la Plaine de Compiegne la Route du Marché du Puits, jusqu'à la Route de Royal-lieu ; suivre le petit Octogone à droite, jusqu'à la Route du Carnoy ; & prendre à ladite Route celle de Bethisy, qui va droite, & qui tombe audit Carrefour.

AU Carrefour de la Hideuse, les Routes des Grueries, de la Hideuse, & une Route Cavalier, qui conduit depuis la Route de Chanlieu jusqu'à la Plaine de Verberie; Triage de la Hideuse.

Hideuse.

A vij

Pour aller audit Carrefour, prendre la Route du Moulin jusqu'au Puits du Roy; prendre à l'entrée de la Route du Pont-la-Reine à gauche, la petite Route du Boquet gras, jusqu'à la Route des Grueries, & suivre ladite Route des Grueries, qui tombe audit Carrefour.

Solitaire. AU Carrefour Solitaire, les Routes du Hazoir, de la Volliere, de la Hideuse, & la Route Solitaire; Triage de la Hideuse.

Pour aller audit Carrefour, prendre la grande Route du Moulin, jusqu'au Puits du Roy; de-là prendre la grande Route du Pont-la-Reine, jusqu'à la Route du Hazoir, à gauche; & suivre ladite Route du Hazoir qui tombe audit Carrefour.

Grande Patte d'Oye. AU Carrefour de la grande patte d'Oye, les Routes du Puits-Feron, de sainte Perrine, de la Michelette, de la Solitaire, de

Bethify, & une petite Route Cavalier, qui conduit jusqu'à la Plaine de Verberie; Triage de la Hideuse.

Pour aller audit Carrefour, prendre dans la Plaine la Route du Marché du Puits, jusqu'à la grande Route de Royal-lieu; suivre le petit Octogone à droite, jusqu'à la grande Route du Carnoy; prendre & suivre la Route de Bethify, vis-à-vis & qui tombe audit Carrefour.

AU Carrefour du Maupas, les Routes de Chanlieu, du Bois Recouvré, du Maupas & de la Hideuse, partie dans la Garde des grands Monts; Triage du gros Loüis, & du Marais de Chanlieu.

Maupas.

Pour aller audit Carrefour, prendre la grande Route du Moulin jusqu'au Puits du Roy; suivre la grande Route de Chanlieu jusqu'audit Carrefour du Maupas.

A viij

VI. GARDE.

Dans la Garde des Grands-Monts.

Princesses.

AU Carrefour des Princesses, les Routes de Chanlieu, le grand Octogone, la Route des Princesses, & celle du Pré du Rosoir ; Triage du Rosoir & du gros Loüis, partie dans la Garde de Bethify.

Pour aller audit Carrefour, prendre la Route du Moulin jusqu'au Puits du Roy, & suivre la Route de Chanlieu jusqu'audit Carrefour.

Bourbon.

AU Carrefour de Bourbon, les Routes de Morianval, de Bourbon, de S. Jean, du Marais de Chanlieu, & le grand Octogone ; Triage du Marais de Chanlieu.

Pour aller audit Carrefour, suivre le Chemin de Crépy, jusqu'au grand Octogone, traversant la gran-

de Route de la Mariolle, & le Pont de la Breviere; prendre ledit grand Octogone à droite, qui va & qui tombe audit Carrefour.

AU Carrefour de la Michelette, les Routes de la Michelette, des Eluas, du Marais de l'Echelle, du Bois Recouvré, & des Etangs de S. Jean; Triage du Marais de l'Echelle.

Michelette.

Pour aller audit Carrefour, prendre la grande Route du Moulin jusqu'au Puits du Roy; suivre la grande Route de Chanlieu jusqu'à la Route de la Michelette, qui est à gauche, & qui tombe audit Carrefour.

A L'Etoile de la Reine, les Routes de Bourbon, des Princesses, des petits Monts, & des Eluas; Triage des grands Monts.

Etoile de la Reine.

Pour aller audit Carrefour, prendre la grande Route du Moulin jusqu'au Puits du Roy; suivre la gran-

de Route de Chanlieu, jusqu'au Carrefour des Princesses; & suivre la Route des Princesses jusqu'à ladite Etoile.

VII. GARDE. *Dans la Garde de Pierrefond.*

Grand Veneur.

AU Carrefour du grand Veneur, les Routes du Bois de Damart, du Grand Veneur, de la Becaſſiere, & de la Roüillye; Triage du Mont Arcy.

Pour aller audit Carrefour, prendre le Chemin de Pierrefond, jusques & par-delà la grande Route de la Mariolle, & prendre à droite la Route de la Becaſsiere, qui tombe audit Carrefour.

Grand Maître.

AU Carrefour du Grand-Maître, les Routes du Grand-Maître, du Bois des Moines, & du Pont de Paleſne; Triage du Pont de Paleſne.

Pour aller audit Carrefour, pren-

dre le Chemin de Crépy jusqu'au-delà de la Breviere, & prendre la Route du Pont de Palefne, à gauche, qui conduit & tombe audit Carrefour.

AU Carrefour S. Jean aux-Bois, les Routes du Grand-Maître, de Beauval, du Capitaine; la Route tournante des Prez de S. Jean, & le Chemin du Meufnier; Triage du Palis de la Reine. S. Jean-aux-Bois.

Pour aller audit Carrefour, prendre le Chemin de Crépy jusqu'au grand Octogone; suivre à gauche ledit grand Octogone, jusqu'à la Route des Marres S. Loüis; prendre ladite Route des Marres S. Loüis à droite, la suivre jusqu'à l'autre part dudit grand Octogone, & ensuite prendre la Route Beauval qui tombe audit Carrefour.

AU Carrefour du Château de la Muette, les Routes de la Mariolle, de Rivié, & du Saut du Cerf; Triage du Blanc-Hureau. Château de la Muette.

Pour aller audit Carrefour, prendre le Chemin de Crépy, & à l'entrée dudit Chemin, prendre la Route de Rivié, à gauche, & suivre ladite Route qui conduit & tombe audit Château de la Muette.

Fort Poirier. AU Carrefour du Fort Poirier, la grande Route de la Mariolle, les Routes de la Heronniere, des Moines, de Humieres, & des Etangs Varin ; Triage du Fort Poirier.

Pour aller audit Carrefour, prendre dans la Plaine de Compiegne la Route de Humieres qui conduit audit Carrefour.

Vivier-Payen. AU Carrefour du Vivier-Payen, la grande Route de la Mariolle, le Chemin de Pierrefond, les Routes d'Espernon, du Vivier-Payen, & du Fossé coulant; Triage du Vivier-Payen.

Pour aller audit Carrefour, pren-

dre le Chemin de Pierrefond jusqu'à ladite grande Route de la Mariolle.

Dans la Garde de la Pomme-raye.

VIII. GARDE.

AU Carrefour du Fossé coulant, les Routes de S. Pierre, du Volerbeau, & du Fossé coulant; Triage du Fossé coulant.

Fossé coulant.

Pour aller audit Carrefour, prendre le Chemin de S. Corneil, jusques & par-delà la Ferme de S. Corneil; suivre la Route de S. Pierre, traverser le Puits d'Antin, & suivre ladite Route de S. Pierre jusqu'audit Carrefour.

AU Carrefour de la Pommeraye, les Routes d'Epernon, de la Pommeraye, & du Volerbeau; Triage du Fossé coulant.

Pommeraye.

Pour aller audit Carrefour, prendre le Chemin de Pierrefond jusqu'à la Route de la Pommeraye; prendre ladite Route à gauche qui tombe audit Carrefour.

Epernon. AU Carrefour d'Epernon, les Routes des Etangs Varin, d'Epernon, & de la Marre aux Cannes; Triage de Volerbeau.

Pour aller audit Carrefour, prendre la Route de la Marre aux Cannes, dans la Plaine de Compiegne, entre le Chemin de Pierrefond & de S. Corneil ; suivre ladite Route de la Marre aux Cannes jusqu'audit Carrefour ; traversant la grande Route de Berne, & le Carrefour de la belle Image.

Prez de la Ville. AU Carrefour des Prez de la Ville, la grande Route de la Mariolle, la Route de la Roüillye, & celle des Pandants Matthieu; Triage de Notre-Dame Adam, & de la Roüillye.

Pour aller audit Carrefour, prendre le Chemin de Pierrefond jusqu'à la grande Route de la Mariolle, &

suivre ladite grande Route jusques audit Carrefour.

Dans la Garde des Marres S. Loüis.   IX. GARDE.

AU Puits Dauphin, les Routes du grand Bail, du Dormoir, des Nymphes, de vieux Moulin, le Parquet de Bois, & la Route Dauphine; Triage du grand Bail.   Puits Dauphin.

Pour aller audit Carrefour, prendre dans la Plaine, au coin du Chemin de S. Corneil, la route Dauphine, qui conduit audit Puits Dauphin.

AU Puits d'Antin, les Routes de S. Pierre, de la belle Image, de vieux Moulin, du Vivier-Frere-Robert, & d'Epernon; Triage de la belle Image.   Puits d'Antin.

Pour aller audit Puits d'Antin, prendre le Chemin de S. Corneil, jusques & par-delà la Ferme de S. Corneil, & prendre la Route de S. Pierre, qui tombe audit Puits.

Marres S. Loüis. AU Carrefour des Marres S. Loüis, les Routes de Humieres, de la Muette, de Vieux Moulin, & de la Croix des Sept Morts; Triage des Marres S. Loüis.

Pour aller audit Carrefour, prendre dans la Plaine, près le Chemin de Crépy, la Route de Humieres qui conduit & tombe audit Carrefour.

De Humieres. AU Carrefour de Humieres, les Routes de la Pommeraye, de Humieres, & du Saut du Cerf; Triage de la petite belle Image.

Pour aller audit Carrefour, prendre la susdite Route de Humieres qui conduit audit Carrefour.

Saut du Cerf. AU Carrefour du Saut du Cerf, les Routes de S. Pierre, du Saut du Cerf, du Lary Matthieu, & du Parquet de bois; Triage de la belle Image.

DE COMPIEGNE. 25

Pour aller audit Carrefour, prendre le Chemin de S. Corneil, jusques & par-delà la Ferme ; & prendre la Route de S. Pierre, qui tombe audit Carrefour.

AU Carrefour de la belle Image, les Routes du Saut du Cerf, de la belle Image, de la Croix des Sept Morts, & de la Marre aux Cannes ; Triage de la belle Image. Belle Image.

Pour aller audit Carrefour, prendre dans la Plaine, entre le Chemin de S. Corneil & de Pierrefond, la Route de la Marre aux Cannes, qui conduit & tombe audit Carrefour.

AU Carrefour du Puits de Berne, la grande Route de Berne, le grand Octogone, & la Route Dauphine ; Triage des Clavieres, & de l'Epinette Fortehaye. Puits de Berne.

Pour aller audit Carrefour, prendre au coin du Chemin de S. Corneil, la Route Dauphine, qui conduit audit Carrefour, dans la grande Route de Berne.

Forte-haye.
AU Carrefour de la Forte-haye, les Routes du Carendeau, de Humieres, & la Route Dauphine; Triage de la Forte-haye.

Pour aller audit Carrefour, prendre la susdite Route Dauphine, qui tombe dans ledit Carrefour.

X. GARDE.

Dans la Garde de Berne.

Croix des Sept Morts.
AU Carrefour de la Croix des Sept Morts, les Routes de la Vallette, d'Epernon, & de la Croix des Sept Morts; Triage du Saut du Cerf.

Pour aller audit Carrefour, prendre le chemin de S. Corneil, jusques & par-delà la Ferme; suivre la

DE COMPIEGNE. 27

Route de S. Pierre, jusqu'à la Route des Sept Morts, & prendre ladite Route à gauche, qui tombe audit Carrefour.

AU Carrefour des Vineux, les Routes du Carendeau, de la Croix du S. Signe, & des Vineux; Triage des Vineux. Vineux.

Pour aller audit Carrefour, prendre dans la Plaine, proche l'Hermitage, la Route du S. Signe, qui tombe audit Carrefour.

AU Carrefour des Taillis de Berne, les Routes des Taillis de Berne, des beaux Monts, & de la Motte-Blain; Triage des Taillis de Berne. Taillis de Berne.

Pour aller audit Carrefour, suivre le grand Chemin de Soissons, jusqu'à la Route des beaux Monts; prendre ladite Route des beaux Monts, à gauche, qui tombe audit Carrefour.

Buisson-net.

AU Carrefour du Buissonnet, le Chemin de Soissons, les Routes des Vineux & du Buissonnet; Triage des Vineux & du Buissonnet.

Pour aller audit Carrefour, suivre le chemin de Soissons, jusqu'à ladite Route des Vineux, qui tombe dans ledit Carrefour.

XI. & XII. GARDES.

Dans la Garde de la Fortelle, & celle du Mont S. Marc.

IL y a sur lesdites Montagnes plusieurs Routes & chemins tournants, pour monter & décendre aisément, ce qui forme des Carrefours simples.

Pour aller sur ledit Mont S. Marc, il faut prendre le chemin de S. Corneil jusqu'à la Ferme, & prendre à gauche la Route de S. Corneil jusqu'au Vivier-Frere-Robert, passant sur la Chaussée de l'Etang, & pren-

dre le zigzac du Vivier-Frere-Robert, qui conduit sur ledit Mont S. Marc.

AU Carrefour de Marillac, dans le Bois de Cuise & gorge du Ham, il y a plusieurs Routes & zigzac, où l'on peut monter & décendre aisément en Caléche.

<small>Marillac.</small>

Pour aller audit Carrefour, & audit Bois de Cuise & gorge du Ham, il faut prendre le chemin de Pierrefond, le suivre jusqu'à la grande Route de la Mariolle, jusqu'au Carrefour du Vivier-Payen ; & audit Carrefour prendre ladite Route de la Mariolle à gauche, jusqu'au haut de la Montagne, & prendre le petit zigzac à gauche, qui conduit audit Carrefour de Marillac, Bois de Cuise & gorge du Ham.

Garenne du Roy.

Pour aller à ladite Garenne du Roy, il faut prendre le chemin de Crépy jusqu'à la Ferme de Vaudrempont; prendre à gauche la grande Route de Morianval, jusqu'à la Route de la Fortelle, qui est au-dessus & par-delà la Montagne, à gauche; laquelle Route de la Fortelle conduit aux Carrefours & autres Routes qui sont dans ladite Garenne du Roy.

Bois des Gruëries, & Queuë de Rome.

Pour aller audit Bois des Gruëries, il faut prendre la Route du Moulin jusqu'au Puits du Roy, & suivre la grande Route de Chanlieu, jusqu'au bout, qui tombe à droite audit Bois des Gruëries & Queuë de Rome.

www.ingramcontent.com/pod-product-compliance
Lightning Source LLC
Chambersburg PA
CBHW060510050426
42451CB00009B/916